«Utilizando las r[...]
provee pautas d[...]
nuestros hijos. E[...]
regalar a otros p[...]
recomiendo encarecidamente».

Megan Hill, autora, *Orando juntos*;
madre de tres hijos

«Me resulta fácil estancarme en la rutina cuando oro por mis hijos. Por lo tanto, doy gracias por este libro nuevo y fresco. El diseño es claro, el marco es bíblico, las guías de oración son breves, y el valor —para nosotros, para nuestros hijos y para la gloria de Cristo— es eterno».

Matt Smethurst, editor en jefe,
The Gospel Coalition; autor,
1–2 Thessalonians: A 12-Week Study
[1–2 Tesalonicenses: Un estudio de 12 semanas]

«¡Qué herramienta bíblica y útil nos ha dado Melissa para usar mientras oramos por nuestros hijos! Espero con ansias darle este recurso a padres y abuelos en nuestra iglesia y familia».

Christine Hoover, escritora, *Messy Beautiful Friendship* [Una amistad complicada y hermosa] y *Searching for Spring* [En busca de la primavera]

«Este libro es un excelente recurso para animar a los padres y a toda la familia de la iglesia a orar específica y concienzudamente por los hijos a su cuidado».

Steven Condy, Child Evangelism Fellowship

«Este libro es un regalo para la iglesia. Esta guía nos ha ayudado a mi esposa y a mí, como nuevos padres, a orar por más aspectos de la vida de nuestro hijo».

Phillip Holmes, director de comunicaciones
y comercialización, Seminario Teológico Reformado

«Todo padre en la iglesia —y todo líder de ministerios con niños— debería tener este libro, para poder orar sin cesar por los niños en nuestras congregaciones».

Ruth Bromley, representante de desarrollo infantil,
Iglesia Presbiteriana de Irlanda

«En una era de crianza helicóptero, a los padres nos resulta fácil pensar que el futuro de nuestros hijos descansa en nuestras manos. Melissa Kruger nos da los pasos prácticos que necesitamos para entregar todo lo que no podemos controlar a Aquel cuya bondad reina en forma suprema. Porque, al final, lo mejor que podemos hacer los padres con nuestras manos es unirlas… en oración».

Hannah Anderson, autora, *All That's Good*
[Todo lo bueno]; madre de tres hijos

«En *5 razones para orar por tus hijos*, Melissa Kruger nos lleva a la Escritura para orar la Palabra de Dios a lo largo de distintas épocas de la vida de crianza. ¿Qué mejor regalo y ejemplo podemos ofrecerles a nuestros hijos que ser padres que oran, al encomendarnos a nosotros y a nuestros hijos a la gracia de Dios?».

Ivan Mesa, editor de libros, The Gospel Coalition

«Melissa Kruger ofrece un catalizador accesible de oración, que apunta a la intención y el objetivo de todo padre. Sus oraciones logran un equilibrio ideal entre lo práctico y lo teológico. Este libro eleva nuestros ojos y nuestro corazón hacia Dios, nuestra única esperanza para criar hijos que vivan a la luz de la eternidad».

Karen Hodge, coordinadora del ministerio
de mujeres, Iglesia Presbiteriana en Estados Unidos

5 RAZONES PARA ORAR POR TUS HIJOS

Oraciones que transforman
a la próxima generación

MELISSA B. KRUGER

5 RAZONES PARA ORAR POR TUS HIJOS

Oraciones que transforman
a la próxima generación

MELISSA B. KRUGER

ESPAÑOL
BRENTWOOD, TENNESSEE

5 razones para orar por tus hijos: Oraciones que transforman a la próxima generación

Copyright © 2023 por Melissa B. Kruger
Todos los derechos reservados.
Derechos internacionales registrados.

B&H Publishing Group
Brentwood, TN 37027

Diseño de portada: B&H Español

Director editorial: Giancarlo Montemayor
Editor de proyectos: Joel Rosario
Coordinadora de proyectos: Cristina O'Shee

Clasificación Decimal Dewey: 242.62

Clasifíquese: NIÑOS \ ORACIÓN \ ADOLESCENTES

Las citas bíblicas marcadas NVI se tomaron de La Santa Biblia, Nueva Versión Internacional®, © 1999 por Biblica, Inc.®. Usadas con permiso. Todos los derechos reservados.

Las citas bíblicas marcadas LBLA se tomaron de LA BIBLIA DE LAS AMÉRICAS, © 1986, 1995, 1997 por The Lockman Foundation. Usadas con permiso.

Las citas bíblicas marcadas NTV se tomaron de la Santa Biblia, Nueva Traducción Viviente, © Tyndale House Foundation, 2010. Usado con permiso de Tyndale House Publishers, Inc., 351 Executive Dr., Carol Stream, IL 60188, Estados Unidos de América. Todos los derechos reservados.

ISBN: 978-1-0877-6803-8

Impreso en EE. UU.
1 2 3 4 5 * 26 25 24 23

CONTENIDO

ORACIONES CUANDO MI HIJO...

PRÓLOGO
POR EMMA KRUGER

Mi mamá dijo una vez que aprender a orar es como aprender otro idioma. Si creciste con padres que oraban habitualmente en la casa, te resulta natural… como una lengua madre que hablas desde temprana edad. Pero si esperaste, se hace más difícil de aprender. No significa que no puedas aprender a orar, pero quizás te lleve más tiempo sentirlo como algo natural.

Por eso doy tantas gracias de haber crecido con padres que oraban. Desde temprano, me enseñaron lo que era la oración y cómo abordarla. Oraba con otros en la iglesia, en la escuela, a la hora de comer y en los devocionales familiares. Siempre fue parte de lo que era y me resultaba un aspecto normal de la vida. Al mirar atrás a los últimos 17 años de aprender y crecer en oración, veo el impacto que ha tenido que mis padres oren por mí y conmigo.

Mis padres no me dieron una clase para enseñarme a orar. No hubo ningún manual de instrucciones, videos ni sermones. Sencillamente, aprendí mirándolos orar cada día. Todas las noches, sentado junto a mi cama, mi papá leía una historia bíblica y oraba con mis hermanos y yo.

Cada mañana, bajaba las escaleras para ir a la escuela y veía a mi mamá terminar su tiempo devocional, mientras escribía sus oraciones al Señor. Yo sabía que, entre otras cosas, había estado orando por mí, pidiéndole a Dios que aumentara mi conocimiento y mi amor por Cristo. Y en cierta manera, Dios usó las oraciones de mi mamá para responder las oraciones de mi mamá: al verla a solas con el Señor cada mañana, empecé a priorizar esa misma clase de tiempo para mí y a entender su importancia.

El ejemplo de mis padres también me enseñó qué buscar en una comunidad cristiana. La oración es una parte esencial de sus amistades, y yo busqué la misma clase de comunidad con mis amigos de la escuela secundaria. Al ver a mis padres orar por aquellos que sufrían, empecé a entender la importancia de la familia de la iglesia en las pruebas intensas de la vida. Ahora, mientras me preparo para irme a la universidad, estoy buscando esta misma comunidad de oración y cuidado mutuo que mis padres me mostraron.

La oración es una parte vital de caminar con Dios. He visto cómo fortalece la fe. Mis padres me animaron fielmente en ella. Siempre estaré agradecida por las maneras en que me enseñaron y apoyaron en oración, mostrándome lo que significa tener una relación personal con nuestro Señor Jesucristo.

Emma Kruger
La hija de Melissa

INTRODUCCIÓN
DE LA SERIE

Esta guía te ayudará a orar por los hijos en 21 áreas y situaciones diferentes. Puedes orar por tus propios hijos o (con una pequeña adaptación) por tus nietos, tus ahijados o alguna familia de la iglesia. En cada una de estas áreas, hay cinco cosas distintas por las que orar, así que puedes usar este libro de diversas maneras.

- Puedes orar por un grupo de «cinco cosas» cada día, en el transcurso de tres semanas, y volver a empezar.

- Puedes tomar uno de los temas de oración y orar una parte cada día de lunes a viernes.

- O bien, puedes ir entrando y saliendo, cuando quieras y necesites orar por un aspecto particular de tu vida familiar.

- También hay un espacio en cada página para escribir los nombres de situaciones concretas, inquietudes o hijos que quieras recordar en oración.

Cada sugerencia de oración se basa en un pasaje de la Biblia, así que puedes estar tranquilo de que, mientras uses esta guía, estarás haciendo grandes oraciones... oraciones que Dios quiere que pronuncies, porque están basadas en Su Palabra.

5
RAZONES
PARA ORAR

ORACIONES PARA QUE DIOS...

SALVE
A MI HIJO

EFESIOS 2:8-10

PUNTOS DE ORACIÓN:

_____

_____

_____

_____

Padre, te ruego que escuches mis oraciones y hagas lo que solo tu Espíritu puede hacer. Haz que mi hijo...

SEA SALVO POR GRACIA

> *«Porque por gracia ustedes han sido salvados...» (v. 8).*

A veces, es tentador creer que, si podemos ser padres perfectos, nuestros hijos crecerán para transformarse en cristianos perfectos. Sin embargo, es bueno recordar que nuestros hijos no se salvan por una «crianza perfecta», sino por la gracia sublime de Dios. Ora a diario para que Dios salve a tu hijo.

RECIBA EL REGALO DE LA FE

> *«... mediante la fe; esto no procede de ustedes, sino que es el regalo de Dios» (v. 8).*

¡Alabado sea Dios porque ofrece el regalo de la salvación solo por gracia, a través de la fe solamente! Aunque a los niños les puede costar creer en lo que no pueden ver, la fe les permite obtener una visión y entendimiento espirituales. Ora para que tu hijo tenga fe desde temprana edad y crea en el mensaje del evangelio.

SE JACTE SOLO DE CRISTO

«… no por obras, para que nadie se jacte»
(v. 9).

A nuestros hijos les encanta mostrarnos sus logros. Con orgullo, pintan algún dibujo o nos dan boletines positivos con los resultados de sus exámenes. Puede resultarles difícil creer que la salvación no se basa en sus obras ni su desempeño. Ora para que tu hijo entienda claramente el mensaje radical del evangelio y se jacte solo de Cristo.

CREZCA PARA SER COMO JESÚS

«Porque somos hechura de Dios, creados en Cristo Jesús…» (v. 10).

A menudo, al mirar a nuestros hijos, notamos cómo reflejan lo que somos. Sin embargo, fueron creados para reflejar a Jesús más que a ningún otro. Ora para que, a medida que tu hijo crezca, brille cada vez más con la luz de Jesús ante el mundo que observa.

SE PREPARE PARA BUENAS OBRAS

«… para buenas obras, las cuales Dios dispuso de antemano a fin de que las pongamos en práctica» (v. 10).

Santiago nos dice que «la fe por sí sola, si no tiene obras, está muerta» (Sant. 2:17). Ora para que la fe de tu hijo desborde en buenas obras que glorifiquen a Dios. Pídele a Dios que te dé oportunidades de ver su fe en acción mientras limpian después de la cena, responden con amabilidad a uno de sus hermanos u oran por algún amigo necesitado.

RAZONES
5
PARA ORAR

ORACIONES PARA QUE DIOS...

LLENE
A MI HIJO
DE FRUTO
ESPIRITUAL

GÁLATAS 5:22-23

PUNTOS DE ORACIÓN:

_____

_____

_____

_____

Padre, te ruego que tu Espíritu produzca fruto en mi hijo...

 AMOR

>*«En cambio, el fruto del Espíritu es amor...»*
>*(v. 22).*

Alabado sea Dios porque, por Su Espíritu, Él nos da un nuevo corazón que da buen fruto. Nuestra esperanza como padres es que el amor que tenemos por nuestros hijos refleje el gran amor de Dios por ellos. Ora para que, a medida que experimenten el amor de Dios, amen también a los demás: que compartan sus juguetes, consuelen a los que están heridos y estén atentos al que pueda sentirse solo.

 ALEGRÍA Y PAZ

>*«... alegría, paz...» (v. 22).*

Jesús les dijo a Sus discípulos: «En este mundo afrontarán aflicciones» (Juan 16:33). También les dijo que Él sería la fuente de su alegría y su paz en medio de las pruebas. Ora para que el Señor le dé a tu hijo alegría en toda circunstancia, y una paz que sobrepasa todo entendimiento.

PACIENCIA Y AMABILIDAD

«… paciencia, amabilidad…» (v. 22).

Hace falta paciencia y amabilidad para formar parte de cualquier familia. Vivir cerca de otros significa que podemos molestarnos unos a otros con facilidad. Ora para que tus hijos se tengan paciencia unos a otros en amor, recordando que a menudo, ellos también necesitan que les muestren paciencia y amabilidad.

BONDAD Y FIDELIDAD

«… bondad, fidelidad…» (v. 22).

Alabado sea Dios porque Él es el autor de todo lo que es bueno, y es fiel en todo lo que hace. Cada día, nuestros hijos tienen muchos momentos en los que decidirán si escuchar a Dios o hacer lo que ellos quieren. Hoy, ora para que tu hijo siga la Palabra de Dios y, con fidelidad, haga lo que es bueno.

HUMILDAD Y DOMINIO PROPIO

«… humildad y dominio propio…» (v. 23).

El dominio propio combinado con la humildad es algo que todos esperamos ver en nuestros hijos. Hoy, considera de qué maneras a tu hijo le cuesta mostrar dominio propio. Tal vez le cuesta controlar su carácter, limitar el tiempo frente a una pantalla o seguir tus instrucciones. Ora para que el Señor le dé dominio propio para hacer lo correcto, y una actitud humilde para obedecer.

5 RAZONES PARA ORAR

ORACIONES PARA QUE DIOS...

GUARDE A MI HIJO

SALMO 121

PUNTOS DE ORACIÓN:

_____

_____

_____

_____

Padre, te ruego que ayudes a mi hijo al...

ANIMARME A MÍ

> *«A las montañas levanto mis ojos; de dónde ha de venir mi ayuda? Mi ayuda proviene del SEÑOR...» (vv. 1-2).*

Ser padre es un regalo maravilloso, pero también es un desafío. No hay ningún manual del usuario para guiarnos en todas las decisiones que enfrentamos cada día. ¡Alabado sea Dios por poder acudir a Él para que nos ayude! Ora para que Él guíe tus pasos y te dirija en la crianza hoy.

CUIDARLO A ÉL

> *«... jamás duerme el que te cuida. Jamás duerme ni se adormece el que cuida de Israel» (vv. 3-4).*

Como padres, somos limitados. Aun con la tecnología moderna, no podemos estar mirando a nuestros hijos todo el tiempo (¡aunque lo intentamos!). Da gracias a Dios porque Él siempre los está mirando, y nunca duerme ni se adormece. Ora para que tu hijo sepa que Dios está con él, sin importar lo que esté atravesando.

PROVEER REFUGIO

«El Señor es quien te cuida, el Señor es tu sombra protectora. De día el sol no te hará daño, ni la luna de noche» (vv. 5-6).

Todos necesitamos un lugar de refugio. El mundo puede ser difícil y solitario. Ora para que, cuando la vida sea difícil para tu hijo —cuando experimente un corazón roto, una enfermedad difícil o una consecuencia dolorosa—, se vuelva al Señor y encuentre consuelo en Él.

PROTEGERLO DE TODO MAL

«El Señor te protegerá; de todo mal protegerá tu vida» (v. 7).

Aunque queremos mantener a salvo a nuestros hijos, sabemos que a menudo no podemos hacer nada para protegerlos de una rodilla raspada, chismes dañinos y de sus propios errores. Ora para que el Señor use las pruebas que atraviesan para acercarlos más a Él, y para que los guarde de todo lo que considere dañino.

PROTEGER SU FUTURO

«El Señor te cuidará en el hogar y en el camino, desde ahora y para siempre» (v. 8).

Nuestros hijos toman decisiones cada día. A medida que crecen, esas decisiones aumentan en importancia. Ora para que el Señor guíe a tu hijo en el futuro mientras decida qué estudiar, a qué iglesia pertenecer, con quién casarse o qué trabajo buscar.

5 RAZONES PARA ORAR

ORACIONES PARA QUE MI HIJO...

TENGA CONFIANZA EN JESÚS

HEBREOS 10:22-25

PUNTOS DE ORACIÓN:

_____

_____

_____

_____

Padre, te ruego que mi hijo confíe en Jesús y que, por fe...

 SE ACERQUE

> *«Acerquémonos, pues, a Dios con corazón sincero y con la plena seguridad que da la fe...» (v. 22).*

Alaba a Dios porque, por la sangre de Jesús, tenemos acceso a un camino nuevo y vivo a la presencia de Dios (vv. 19-20). Jesús nos abrió el camino, así que podemos caminar en comunión con Dios. Ora para que tu hijo se acerque hoy a Dios, al pensar en Él y buscarlo con un corazón sincero.

 SE AFERRE CON FIRMEZA

> *«Mantengamos firme la esperanza que profesamos, porque fiel es el que hizo la promesa» (v. 23).*

Es tentador correr tras dioses falsos y una sabiduría mundana. Pídele a Dios que ayude a tu hijo a aferrarse a las verdades del evangelio sin vacilar. Ora para que obre en sus vidas de tal manera que no recuerden algún momento en que no lo conocían.

 ## CONSIDERE A LOS DEMÁS

«Preocupémonos los unos por los otros, a fin de estimularnos al amor y a las buenas obras» (v. 24).

Felizmente, uno de los regalos que Dios nos da es una comunidad con otros creyentes. Ora para que tu hijo tenga mentores piadosos que los animen en fe, amor y buenas obras. Mientras oras por tu hijo, considera: ¿cómo puedes animarlo a amar a otros y hacer buenas obras hoy?

 ## SE CONGREGUE

«No dejemos de congregarnos, como acostumbran hacerlo algunos…» (v. 25).

Para avanzar en Cristo, nuestros hijos necesitan la iglesia. Ora para que, cuando crezcan, el Señor los coloque en iglesias donde se predique la Palabra y se proclame el evangelio. Pídele a Dios que cultive en tu hijo un profundo amor por la iglesia que empiece ahora y dure toda la vida.

 ## MIRE ADELANTE

«… y con mayor razón ahora que vemos que aquel día se acerca» (v. 25).

Nuestros hijos son pequeños, pero el tiempo es corto. Pídele a Dios que les dé una perspectiva correcta de la eternidad. Ora para que esperen el regreso de Cristo con seguridad, sabiendo que serán hallados justos en Él; y con urgencia, buscando usar el tiempo de la mejor manera posible.

RAZONES
PARA ORAR

ORACIONES PARA QUE MI HIJO...

EXPERIMENTE LA GRANDEZA DE DIOS

ISAÍAS 40:28-31

PUNTOS DE ORACIÓN:

_____

_____

_____

_____

Padre, ayuda a mi hijo a conocerte y adorarte como...

 CREADOR

> *«¿Acaso no lo sabes? ¿Acaso no te has enterado? El Señor es el [...] creador de los confines de la tierra» (v. 28).*

Dios es el Creador de los confines de la tierra, y eso incluye todos los rincones del vecindario que tu familia ama. Al mismo tiempo, nuestras vidas tienen un significado especial porque somos creados a imagen de Dios. Alaba a Dios por este mundo que creó y por la manera única en que creó a tu hijo. Ora para que tu hijo conozca a Dios y lo alabe como Creador y Señor de todo.

 ETERNO

> *«... El Señor es el Dios eterno...» (v. 28).*

Dios es eterno. No tiene principio ni fin. Aunque los reinados de todos los demás líderes llegarán a su fin, Dios reina para siempre y por siempre. Ora para que tu hijo conozca a Jesús y lo adore como Rey, por toda la eternidad.

OMNISCIENTE

«No se cansa ni se fatiga, y su inteligencia es insondable» (v. 28).

Dios conoce todas las cosas, y nadie puede comprender las profundidades de su inteligencia. Aunque Dios es incomprensible, sí se lo puede conocer. Alaba a Dios porque revela verdad sobre sí mismo en la Biblia. Ora para que tu hijo busque conocer a Dios a través de Su Palabra y que lo busque como fuente de conocimiento, sabiduría y entendimiento.

 ### TODOPODEROSO

«Él fortalece al cansado y acrecienta las fuerzas del débil» (v. 29).

Nuestros hijos son limitados. Sin embargo, anhelan estar a cargo y declarar: «¡Lo hago yo solo!». Sin embargo, enseguida se quedan sin energía y se sienten cansados y frustrados. Gracias a Dios, Él nunca se cansa. Ora para que tu hijo reconozca sus propias debilidades y busque a Dios para encontrar fortaleza. Ora para que el Espíritu le dé poder a tu hijo para vivir de una manera que glorifique a Dios.

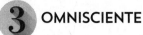 ### ABSOLUTAMENTE SUFICIENTE

«... los que confían en el SEÑOR renovarán sus fuerzas...» (v. 31).

Dios promete sostenernos: «volarán como las águilas: correrán y no se fatigarán, caminarán y no se cansarán» (v. 31). Pídele a Dios que renueve tus fuerzas mientras crías fielmente a tus hijos hoy.

5 RAZONES PARA ORAR

ORACIONES PARA QUE MI HIJO...

SE DELEITE
EN LA
PALABRA
DE DIOS

SALMO 19:7-12

PUNTOS DE ORACIÓN:

_____

_____

_____

_____

Padre, te ruego que tu Palabra le dé a mi hijo...

 ## NUEVO ALIENTO

> *«La ley del SEÑOR es perfecta: infunde nuevo aliento» (v. 7, NTV).*

La vida de familia tiene un ritmo acelerado... incluso para los miembros más jóvenes. Aunque no podemos saber todo lo que experimentan nuestros hijos, sí sabemos que tienen sus luchas. Sea lo que sea que enfrenten, la Palabra de Dios es una fuente de aliento. Ora para que tu hijo ame la Palabra de Dios y para que permita que reviva su alma mientras atraviesa distintas épocas y circunstancias.

 ## ALEGRÍA

> *«Los preceptos del SEÑOR son rectos: traen alegría al corazón» (v. 8).*

Alaba a Dios porque Su Palabra puede darnos deleite... son mucho más deseables que oro y «más dulces que la miel» (v. 10). Pídele al Señor que le dé a tu hijo gozo mientras lee las Escrituras. Ora para que Jesús brille en cada página, y para que el Espíritu llene su corazón con deleite en el Salvador.

DISCERNIMIENTO

> *«El mandato del* SEÑOR *es digno de confianza: da sabiduría al sencillo» (v. 7).*

Nuestros hijos deben tomar muchas decisiones en sus vidas. Muchas veces, les resulta difícil saber qué hacer. Se verán tentados a seguir los caminos equivocados o a acoplarse a lo que hace la multitud. Ora para que Dios abra los ojos de tu hijo para que vea la sabiduría, el entendimiento y el discernimiento que hay en Su Palabra.

VERDAD

> *«Las sentencias del Señor son verdaderas: todas ellas son justas» (v. 9).*

La Palabra de Dios nunca pierde efectividad ni pasa de moda, más allá de que nuestra cultura afirme lo contrario. Su verdad es firme. Ora para que tu hijo reciba esta verdad y mida todo lo que oiga y vea a la luz de la guía recta y veraz de la Biblia.

ADVERTENCIA

> *«Por ellas queda advertido tu siervo; quien las obedece recibe una gran recompensa» (v. 11).*

La Palabra de Dios no solo da sabiduría, sino que también ofrece advertencias. Nos muestra cómo vivir y cómo *no* vivir. Ora para que tu hijo «no se [contente] solo con escuchar la palabra», sino que la lleve «a la práctica» (Sant. 1:22). A medida que acate las advertencias de Dios, ora para que también se deleite al darse cuenta de que «quien las obedece [las sentencias del Señor] recibe una gran recompensa». Pídele a Dios que bendiga a tu hijo a medida que él confíe en Su Palabra y la obedezca.

5 RAZONES PARA ORAR

ORACIONES PARA QUE MI HIJO...

VIVA EN ARMONÍA CON OTROS

TITO 3:1-2

PUNTOS DE ORACIÓN:

_____

_____

_____

_____

Padre, te ruego que mi hijo viva en comunidad al...

SOMETERSE A LA AUTORIDAD

> *«Recuérdales a todos que deben mostrarse obedientes y sumisos ante los gobernantes y las autoridades...» (v .1).*

Nuestros hogares son el primer campo de entrenamiento para la sumisión a la autoridad. A medida que un hijo aprende a someterse a sus padres, esto prepara el camino para someterse a la Palabra de Dios. Ora para que tu hijo sea sumiso contigo, así como con sus maestros y demás autoridades.

OBEDECER LA LEY

> *«... deben mostrarse obedientes» (v. 1).*

A todos los niños (¡y los adultos!) les cuesta obedecer en ciertas áreas. Considera a tu hijo: ¿en qué le está costando específicamente obedecer en este momento? Ora por tu hijo, para que el Señor obre en su corazón y le permita caminar en gozosa obediencia en esta área.

HACER EL BIEN A LOS DEMÁS

«... Siempre deben estar dispuestos a hacer lo bueno» (v. 1).

No solo queremos que nuestros hijos obedezcan; esperamos que sirvan activamente a otros. Pídele a Dios que les dé a tus hijos ojos para ver a aquellos que tienen necesidad a su alrededor, y les permita estar dispuestos a hacer el bien a los demás.

 HABLAR CON AMABILIDAD

«... a no hablar mal de nadie, sino a buscar la paz y ser respetuosos...» (v. 2).

En nuestras familias, es fácil desarrollar hábitos como acusar al otro o pelear unos con otros. Ora para que tus hijos traten con amabilidad y respeto a los demás (¡en especial, a sus hermanos!). Ora para que tu hogar se caracterice por la unidad y la paz, en lugar de las discusiones y las disputas.

 MOSTRAR HUMILDAD

«... demostrando plena humildad en su trato con todo el mundo» (v. 2).

Alaba a Dios porque cada vida tiene valor, al haber sido creados a Su imagen. Ora para que tu hijo trate a todas las personas —de la más pequeña a la más grande— con dignidad, educación y humildad.

5 RAZONES PARA ORAR

ORACIONES PARA QUE MI HIJO...

SEA SABIO

PROVERBIOS 13:3-20

PUNTOS DE ORACIÓN:

_____

_____

_____

_____

Padre, haz que mi hijo sea sabio con…

 SUS PALABRAS

> *«El que refrena su lengua protege su vida, pero el ligero de labios provoca su ruina» (v. 3).*

Alaba a Dios por dar sabiduría libremente a todos los que se la piden. La necesitamos especialmente con nuestras palabras. Ya sea en una pelea entre hermanos o una discusión con un amigo, las palabras impulsivas tienen el poder de lastimar. Ora para que tu hijo sea medido con sus palabras cuando hable con los demás, envíe mensajes de texto o se comunique en línea.

 EL TRABAJO

> *«El perezoso ambiciona, y nada consigue; el diligente ve cumplidos sus deseos» (v. 4).*

La manera en que nos manejamos con nuestro trabajo es importante. A menudo, los niños quieren hacer las tareas de la casa a las apuradas, y dedicarles el menor tiempo posible. Ora para que el Señor les enseñe la sabiduría de ser diligentes en sus labores, ya sea que estén limpiando su habitación, barriendo el piso o trabajando en un proyecto de la escuela.

 EL DINERO

> *«El dinero mal habido pronto se acaba;*
> *quien ahorra, poco a poco se enriquece»*
> *(v. 11).*

«Porque el amor al dinero es la raíz de toda clase de males» (1 Tim. 6:10). A medida que los adolescentes empiezan a entender el poder del dinero, esto puede llevarlos a tomar decisiones deshonestas o poco sabias. Ora para que tu hijo tome decisiones sabias y honre a Dios con su dinero.

 SU JUICIO

> *«El buen juicio redunda en aprecio, pero*
> *el camino del infiel no cambia. El prudente*
> *actúa con cordura, pero el necio se jacta de*
> *su necedad» (vv. 15-16).*

Lleva tiempo aprender a juzgar correctamente. Ora para que, a medida que les enseñes a tus hijos a distinguir entre la verdad y el error y el bien y el mal a diario, el Señor los haga crecer en discernimiento. A medida que crezcan, pídele a Dios que los ayude a usar su conocimiento para tomar decisiones sabias.

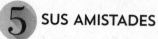

5 SUS AMISTADES

«El que con sabios anda, sabio se vuelve; el que con necios se junta, saldrá mal parado» (v. 20).

Cuando nuestros hijos son pequeños, en general nosotros administramos sus amistades. Pero a medida que crecen, empiezan a tomar sus propias decisiones en cuanto a sus amigos. Ora para que tu hijo elija amigos sabios, y por mentores piadosos que sean una buena influencia para ellos en sus decisiones.

5 RAZONES PARA ORAR

ORACIONES PARA QUE MI HIJO...

BUSQUE A DIOS EN ORACIÓN

MATEO 6:6-13

PUNTOS DE ORACIÓN:

_____

_____

_____

_____

Padre, te ruego que mi hijo ofrezca oraciones…

EN PRIVADO

> «Pero tú, cuando te pongas a orar, entra en
> tu cuarto, cierra la puerta y ora a tu Padre,
> que está en lo secreto. Así tu Padre, que
> ve lo que se hace en secreto, te recompen-
> sará» (v. 6).

Muchas de las cosas que se hacen en secreto están mal.
Sin embargo, la oración es algo que podemos hacer a
puertas cerradas y que bendice ricamente el mundo que
nos rodea. Ora para que tu hijo tenga una vida secreta
de oración que produzca una abundante recompensa
por parte de Dios.

PARA DARTE GLORIA

> «Padre nuestro que estás en el cielo, santifi-
> cado sea tu nombre, venga tu reino, hágase
> tu voluntad en la tierra como en el cielo»
> (vv. 9-10).

Alaba a Dios porque reina sobre todas las cosas y en
todo sentido. Pídele que le permita a tu hijo buscar

glorificar el nombre de Jesús en todo lo que haga, y que esto se refleje en sus oraciones. Que el Espíritu pueda aumentar el deseo de tu hijo de ver que se haga la voluntad de Dios y que venga Su reino.

3 PIDIENDO EL PAN DE CADA DÍA

«Danos hoy nuestro pan cotidiano» (v. 11).

Es fácil considerar nuestro propio trabajo y esfuerzos como la fuente de lo que necesitamos. Una manera de ayudar a nuestro hijo a entender la provisión de Dios es enseñándole a dar gracias a Dios cada vez que comemos. Ora para que tu hijo sea cada vez más agradecido y lo haga en forma genuina por todas las maneras en que Dios provee ricamente para sus necesidades: agua para beber, alimento para comer y refugio para descansar.

4 BUSCANDO PERDÓN

«Perdónanos nuestras deudas, como también nosotros hemos perdonado a nuestros deudores» (v. 12).

Cada uno de nosotros necesita perdón, y todos tendremos motivos para perdonar a otros. Ora para que, cuando tu hijo peque, rápidamente acuda al Señor en confesión y busque Su perdón. Ora para que recuerde su propia necesidad de perdón y perdone libremente a otros que lo hayan herido.

5 LUCHANDO CONTRA LA TENTACIÓN

> *«Y no nos dejes caer en tentación, sino líbranos del maligno»* (v. 13).

Cuando los niños son pequeños, tal vez se vean tentados a quitarle el juguete a un amigo o hacer un berrinche cuando no se salen con la suya. A medida que crecen, la tentación puede ser el materialismo o la inmoralidad sexual. Ora hoy por las tentaciones que enfrentan. Pídele al Señor que los libre del mal mientras, en oración, buscan luchar contra el pecado.

5

RAZONES PARA ORAR

ORACIONES PARA QUE MI HIJO...

SE CONTENTE EN TODAS LAS COSAS

FILIPENSES 4:4-13

PUNTOS DE ORACIÓN:

_____

_____

_____

_____

Padre, que mi hijo encuentre su alegría en ti y...

SE ALEGRE

«Alégrense siempre en el Señor. Insisto: ¡Alégrense!» (v. 4).

Dedica algo de tiempo a alabar a Dios por lo que Él es y por todo lo que ha hecho por ti en Cristo. ¡Alégrate en el Señor! Después, ora para que tu hijo experimente un gran gozo al adorar y alegrarse en el Señor.

LUCHE CONTRA LA ANSIEDAD

«No se inquieten por nada; más bien, en toda ocasión, con oración y ruego, presenten sus peticiones a Dios y denle gracias» (v. 6).

La ansiedad se roba rápidamente nuestro gozo. ¿Por qué está ansioso tu hijo hoy? Ya sea que esté nervioso por entrar a un equipo deportivo o por algún examen que espera aprobar, ora para que experimente la paz de Dios que guarde su mente en Cristo Jesús mientras se vuelve a Él en oración.

PROTEJA SUS PENSAMIENTOS

«... consideren bien todo lo verdadero, todo lo respetable, todo lo justo, todo lo puro, todo lo amable, todo lo digno de admiración, en fin, todo lo que sea excelente o merezca elogio» (v. 8).

Aquello en lo que pensamos tiene un gran efecto en nuestro contentamiento. Nuestros hijos a menudo gastan su energía mental comparándose con los demás o quejándose de lo que les falta. Pídele a Dios que los ayude a llevar todo pensamiento cautivo a Cristo y a pensar en lo que es verdadero, respetable, justo, puro, amable y digno de admiración.

APRENDA A CONTENTARSE

«... he aprendido el secreto tanto de estar saciado como de tener hambre, de tener abundancia como de sufrir necesidad» (v. 12, LBLA).

Nuestros hijos experimentarán tiempos de abundancia y tiempos de carencia. La buena noticia es que es posible contentarse en ambos casos. Ora para que tu hijo aprenda el secreto del contentamiento en cada circunstancia que le toque vivir.

CONFÍE EN JESÚS

«Todo lo puedo en Cristo que me fortalece» (v. 13).

Es imposible contentarnos en nuestras propias fuerzas. Necesitamos una fuente de refrigerio externa a nosotros mismos. Considera en qué le está costando contentarse a tu hijo. Ora para que aprenda a depender de la fuerza de Dios, y no de la propia, mientras busca contentarse en todas las cosas.

5 RAZONES PARA ORAR

ORACIONES PARA QUE MI HIJO...

AME A LOS DEMÁS

1 CORINTIOS 13:4-5

PUNTOS DE ORACIÓN:

_____

_____

_____

_____

Padre, te pido que tu amor le permita a mi hijo amar a los demás…

CON LIBERTAD

«… El amor no es envidioso…» (v. 4).

¡Alabado sea Dios por el amor que ha derramado en cada uno de nosotros en Cristo Jesús! Cuando envidiamos a alguien, eso demuestra que, en cierto sentido, creemos erróneamente que Dios no ha sido bueno con nosotros. Ora para que tu hijo entienda la grandeza del regalo que Dios nos ha dado, para que puedan amar a otros con libertad y sin envidia.

CON HUMILDAD

«… ni jactancioso…» (v. 4).

Cuando nos concentramos en nosotros mismos, nos jactamos sobre los elogios que hemos recibido. ¿En qué área lucha tu hijo con el orgullo o la jactancia? ¿Lo estás animando al orgullo o a la humildad en sus logros? Ora para que tu hijo no se concentre en lo que ha hecho sino en lo que Dios ha hecho.

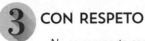

3 CON RESPETO

«No se comporta con rudeza…» (v. 5).

Es doloroso ver que nuestros hijos sufren por las palabras y las acciones de otros. Y es igualmente difícil verlos deshonrar a los demás con sus palabras y acciones. Ora para que tu hijo ame bien a los demás al buscar honrarlos y animarlos.

4 CON GENEROSIDAD

«… ni orgulloso. […] no es egoísta» (vv. 4-5).

Desde temprana edad, los niños tienden a buscar sus propios intereses. Si ven un juguete que quieren, lo toman. Si alguien se mete en su camino, lo empujan. Ora para que tu hijo pueda poner las necesidades de los demás antes que las propias. Ora para que, en lugar de ser egoístas, sean generosos.

5 CON GRACIA

«… no se enoja fácilmente, no guarda rencor» (v. 5).

Es increíble la memoria que pueden tener los hermanos para las ofensas entre ellos. Tal vez a tu hijo le gusta el juego de la comparación llamado: «¡No es justo!». Ora para que el Señor le dé un profundo amor por el otro que no se enoje fácilmente y muestre gracia en lugar de guardar rencor.

ORACIONES PARA QUE MI HIJO...

PERMANEZCA FIRME

EFESIOS 6:10-17

PUNTOS DE ORACIÓN:

Padre, te ruego que mi hijo se oponga a las maquinaciones del diablo poniéndose toda la armadura de Dios...

EL CINTURÓN DE LA VERDAD

> «Manténganse firmes, ceñidos con el cinturón de la verdad» (v. 14).

Sabemos que el diablo, como león rugiente, anda rondando, en busca de quién devorar (1 Ped. 5:8). Ora para que tu hijo recuerde la verdad de la Palabra de Dios y permanezca firme contra las maquinaciones del diablo.

LA CORAZA DE JUSTICIA

> «... protegidos por la coraza de justicia, y calzados con la disposición de proclamar el evangelio de la paz» (vv. 14-15).

Alaba a Dios porque no dependemos de nuestra propia justicia, sino que tenemos la justicia perfecta de Cristo como nuestra armadura. Ora para que tu hijo esté listo para compartir esta buena noticia con alguien en su vida: un vecino, un amigo de la escuela o un compañero de equipo.

EL ESCUDO DE LA FE

«Además de todo esto, tomen el escudo de la fe, con el cual pueden apagar todas las flechas encendidas del maligno» (v. 16).

La fe en Dios actúa como nuestro escudo contra las flechas ardientes del enemigo. Jesús advirtió: «El ladrón no viene más que a robar, matar y destruir; yo he venido para que tengan vida, y la tengan en abundancia» (Juan 10:10). Ora para que tu hijo experimente la vida plena por la fe en Jesús, y sea protegido de los ataques del enemigo.

EL CASCO DE LA SALVACIÓN

«Tomen el casco de la salvación…» (v. 17).

Nuestra mente suele ser un campo de batalla de nuestra fe. A veces, como sabemos que no somos lo suficientemente buenos para Dios, nos equivocamos y creemos que no nos salvará. Satanás esparce sus mentiras, de manera que nos volvemos temerosos en nuestra vida. Ora para que tu hijo proteja su mente al recordar el regalo gratuito de la salvación de Dios.

LA ESPADA DEL ESPÍRITU

«… y la espada del Espíritu, que es la palabra de Dios» (v. 17).

Mientras que todas las demás partes de la armadura de Dios son defensivas, la espada del Espíritu es nuestra única arma de ataque. Cuando imprimimos la Palabra de Dios en el corazón de nuestros hijos, los preparamos para la batalla. Ora para que tus hijos aprendan con ansias la Palabra de Dios, de manera que Su verdad los ayude a luchar contra las mentiras del enemigo.

5 RAZONES PARA ORAR

ORACIONES PARA QUE YO...

COMPARTA LA BONDAD DE DIOS CON MI HIJO

SALMO 78:1-7

PUNTOS DE ORACIÓN:

_____

_____

_____

_____

Señor, ayúdame a ser un padre que sea fiel para...

ESCUCHAR

> *«Pueblo mío, atiende a mi enseñanza; presta oído a las palabras de mi boca» (v. 1).*

Antes de poder hablarles a nuestros hijos de Dios, necesitamos escuchar Sus enseñanzas nosotros mismos. ¿De qué maneras estás buscando conocer a Dios a través de Su Palabra? Pídele a Dios que te dé un corazón atento que ame Su verdad.

HABLAR

> *«... hablaremos a la generación venidera del poder del Señor, de sus proezas, y de las maravillas que ha realizado» (v. 4).*

Todos los días, les decimos muchas cosas a nuestros hijos. ¿Cuán a menudo les recuerdas las maravillas de Dios? ¿De qué maneras podrías ayudarlos a conocer Sus obras gloriosas? Dedica algunos momentos a alabar a Dios por Su bondad para contigo. Después, ora para que puedas hablarles a tus hijos de la fidelidad de Dios cada día, usando incluso los momentos cotidianos de la vida familiar para señalar al extraordinario poder salvador de Cristo.

ENSEÑAR

> *«Él [...] dictó una ley para Israel; ordenó a nuestros antepasados enseñarlos a sus descendientes» (v. 5).*

Se nos ha confiado el cuidado de nuestros hijos, y debemos enseñarles la Palabra de Dios. ¿De qué maneras les estás enseñando a tus hijos la Biblia? Ora para que, a medida que compartas la Palabra de Dios con tu hijo, él te escuche y aprenda.

CONFIAR

> *«Así ellos pondrían su confianza en Dios...» (v. 7).*

Cada día, como padres, les enseñamos a nuestros hijos con nuestra manera de vivir. Cuando ponemos nuestra esperanza en Dios y descansamos en Él mediante la oración, nuestros hijos aprenden de nuestro ejemplo. Tal vez hoy hay alguna preocupación que te pesa en el corazón: una enfermedad, alguna inquietud financiera o una relación rota. Ora para que tu corazón confíe en Dios en medio de esta prueba, y puedas dar el ejemplo a tu familia.

5 RECORDAR

> *«… y no se olvidarían de sus proezas, sino que cumplirían sus mandamientos» (v. 7).*

Como creyentes, podemos mirar atrás con gratitud al recordar las obras de Dios, tanto en nuestra propia vida como a través de la historia. Ora para que el Señor refresque y reavive tu corazón para la obediencia a Sus mandamientos, mientras recuerdas Sus obras gloriosas.

5 RAZONES PARA ORAR

ORACIONES PARA QUE YO...

CREE UN HOGAR DE PACIENCIA Y BONDAD

COLOSENSES 3:12-14

PUNTOS DE ORACIÓN:

_____

_____

_____

_____

Padre, por tu gracia, ayúdame a edificar un hogar que sea...

AMOROSO

> *«Por lo tanto, como escogidos de Dios, santos y amados...» (v. 12).*

Alaba a Dios porque, en Su abundante misericordia, te escogió y te salvó, y te ama profundamente. Uno de los mayores regalos que podemos darles a nuestros hijos es un hogar rico en amor. Ora para que tus hijos puedan vislumbrar el amor de Dios por ellos a medida que experimentan tu amor cada día.

COMPASIVO Y BONDADOSO

> *«... ustedes tienen que vestirse de tierna compasión [y] bondad...» (v. 12, NTV).*

Ya sea que nuestros hijos estén lidiando con la picadura de una abeja o con un corazón roto, necesitan recibir compasión y bondad de nuestra parte. ora para que, al recordar la bondad que recibiste de Cristo, puedas comunicarle lo mismo a tu hijo.

3 HUMILDE

«… humildad…» (v. 12).

A medida que criamos, es importante recordar nuestra necesidad diaria del perdón y la misericordia de Dios, para poder criar en humildad en lugar de con orgullo. ¿En qué necesitas la gracia de Dios hoy? Pídesela. Después, ora para que el Señor ayude a toda tu familia a amarse los unos a los otros en humildad, buscando servir en vez de ser servidos.

4 AMABLE Y PACIENTE

«… amabilidad y paciencia, de modo que se toleren unos a otros» (vv. 12-13).

Desde el auto hasta el sofá o a la mesa de la cena, ¡los miembros de una familia tienen que compartir su espacio! Por nuestro pecado, muchas veces nos irritamos unos a otros y producimos frustración. Ora por cada miembro de tu familia hoy, para que se traten unos a otros con amabilidad y paciencia, soportándose con gracia y amor.

5 PERDONADOR

«… y se perdonen si alguno tiene queja contra otro. Así como el Señor los perdonó, perdonen también ustedes» (v. 13).

Todo cristiano es alguien a quien se le ha perdonado mucho. Alaba a Dios porque tu pecado nunca es demasiado grande o demasiado frecuente como para recibir Su perdón. Ora para que tú y tu familia confiesen rápidamente sus pecados unos a otros y puedan ofrecer el mismo perdón amoroso que recibieron.

5 RAZONES PARA ORAR

ORACIONES PARA QUE YO...

LE CONFÍE MI HIJO AL SEÑOR

SALMO 27

PUNTOS DE ORACIÓN:

_____

_____

_____

_____

Padre, en la crianza, ayúdame a...

CONFIAR EN TI

> «El Señor es mi luz y mi salvación; ¿a quién
> temeré?» *(v. 1).*

Aunque abundan los consejos sobre la crianza, a menudo nos sentimos inseguros y temerosos a la hora de tomar decisiones sobre nuestros hijos. Alaba a Dios porque está lleno de toda la sabiduría que nos falta y por darnos luz para iluminar nuestro camino. Pídele que te dé un espíritu de humilde confianza en Él para lo que sea que te produzca temor en cuanto a tu hijo.

BUSCARTE CADA DÍA

> «... lo único que persigo [es] habitar en la
> casa del Señor todos los días de mi vida,
> para contemplar la hermosura del Señor...»
> *(v. 4).*

Parte de confiarle al Señor nuestros hijos es recordar que nuestra relación con ellos no es la más importante de nuestras vidas. Aunque puede ser tentador centrar nuestras vidas en los deseos y la agenda de nuestros hijos, lo más importante que podemos hacer es pasar tiempo con el Señor. Ora para que puedas buscarlo por encima de todo lo demás.

 ## SACRIFICARME CON ALEGRÍA

«... En su santuario ofreceré sacrificios con gritos de alegría...» (v. 6, NTV).

Somos llamados a ser un «sacrificio vivo» (Rom. 12:1), y sin duda, la paternidad requiere sacrificios. La mayoría de los días, es difícil hacerlo con alegría. Dedica un momento a confesar las áreas en las que te ves tentado a quejarte y murmurar. Pídele al Señor que te dé un corazón alegre y que adore, mientras cuidas de manera sacrificada a tu familia hoy, confiando en que Él ve cada sacrificio y lo usará para Sus propósitos en tu familia.

 ## INVOCARTE EN ORACIÓN

«Oye, SEÑOR, mi voz cuando a ti clamo; compadécete de mí y respóndeme» (v. 7).

Una de las mejores maneras de confiarle nuestros hijos al Señor es a través de nuestras oraciones. Considera a cada uno de tus hijos. ¿Qué inquietudes tienes en el corazón? Acude al Señor y pídele que sea misericordioso contigo en la crianza.

5 CONFIAR EN TUS TIEMPOS

«Pon tu esperanza en el Señor; ten valor, cobra ánimo; ¡pon tu esperanza en el Señor!» (14).

Una de las cuestiones más difíciles en las cuales descansar en Dios es la salvación de tu hijo. Tal vez hace años que esperas una señal de que el Espíritu de Dios esté obrando en ellos, o por algún avance en un área en particular. Pídele a Dios que anime tu corazón y te ayude a confiar en Sus tiempos. Ora pidiendo fortaleza y perseverancia para compartir a Cristo con tu hijo y luchar en oración a su favor.

ORACIONES CUANDO MI HIJO...

SUFRE DESILUSIÓN, PÉRDIDAS O HERIDAS

ROMANOS 5:1-5

PUNTOS DE ORACIÓN:

_____

_____

_____

_____

Padre, cuando mi hijo esté sufriendo, permítele que…

GLORIFIQUE TU NOMBRE

> *«… Así que nos regocijamos en la esperanza de alcanzar la gloria de Dios. Y no solo en esto, sino también en nuestros sufrimientos…» (vv. 2-3).*

Ningún padre quiere ver sufrir a su hijo. Sin embargo, el Señor puede usar para bien todas las heridas que un hijo sufra: una infección de oído, chismes dolorosos, dificultades de aprendizaje y tratos injustos. Pídele a Dios que se glorifique a través del sufrimiento de tu hijo mientras fija sus ojos en Él.

PERSEVERE

> *«… porque sabemos que el sufrimiento produce perseverancia» (v. 3).*

Cuando sean adultos, nuestros hijos tal vez enfrenten situaciones laborales difíciles, matrimonios complicados o enfermedades indeseadas. No importa cuántos años tengan, el amor por nuestros hijos significa que, cuando ellos sufren, nosotros sufrimos. Ora para que el Señor use el sufrimiento en la vida de tu hijo ahora para desarrollar su perseverancia para el futuro; y que tú también puedas crecer mientras él crece.

CREZCA EN CARÁCTER

«... la perseverancia [produce] entereza de carácter...» (v. 4).

Alaba a Dios porque jamás malgasta ni una pizca de sufrimiento. Él nos promete que dispondrá todas las cosas para el bien de transformar a Su pueblo a la imagen de Jesús. Ora para que, en medio de su sufrimiento, tu hijo reflexione en el carácter de Cristo: *«cuando padecía, no amenazaba, sino que se entregaba a aquel que juzga con justicia»* (1 Ped. 2:23).

TENGA ESPERANZA

«... la entereza de carácter [produce] esperanza» (v. 4).

Alaba a Dios porque, en Cristo, el sufrimiento no termina en amargura ni desesperación. Termina en esperanza. Ora para que tu hijo se llene de esperanza en medio de las dificultades, sabiendo que Dios camina junto a él en la angustia y lo reconforta en su dolor, y un día limpiará toda lágrima de su rostro.

RECUERDE

«... Dios ha derramado su amor en nuestro corazón por el Espíritu Santo...» (v. 5).

Nuestro Padre sabe lo que es ver sufrir a un hijo amado. «Así manifestó Dios su amor entre nosotros: en que envió a su Hijo unigénito al mundo para que vivamos por medio de él» (1 Jn. 4:9). Dios te ama tanto que permitió que Su Hijo sufriera en tu lugar. Pídele al Espíritu Santo que reconforte tu corazón y traiga sanidad y esperanza a la vida de tu hijo hoy.

RAZONES PARA ORAR

ORACIONES CUANDO MI HIJO...

ENTABLA
AMISTADES

PROVERBIOS SELECTOS

PUNTOS DE ORACIÓN:

_____

_____

_____

_____

Padre, te ruego que le des a mi hijo amistades en las que…

ESCOJA CON SABIDURÍA

> *«Los justos dan buenos consejos a sus amigos…» (12:26, NTV).*

Nuestros hijos son fácilmente influenciados por los que los rodean. Ora para que el Señor le dé a tu hijo sabiduría desde temprana edad para elegir a sus amigos con cuidado. Ora también para que le provea amigos que lo animen en la fe y lo ayuden a tomar decisiones sabias.

HABLE CON CUIDADO

> *«El perverso provoca contiendas, y el chismoso divide a los buenos amigos» (16:28).*

El aguijón del chisme o las palabras crueles es doloroso; en especial, en la adolescencia. Ora para que tu hijo tenga cuidado con sus palabras, y las use para reparar amistades y profundizar relaciones, en lugar de destrozarlas. Ora para que atraiga amigos que hablen con bondad y compasión de los demás.

3 AME CON CONSTANCIA

«En todo tiempo ama el amigo» (17:17).

Nuestros hijos necesitan más amor del que podemos proveer. Los amigos son una parte importante de la provisión buena de Dios en sus vidas; dale gracias al Señor por ellos. Ora para que el Señor ayude a tu hijo a ser un amigo amoroso y leal, que acompañe a los demás en cualquier circunstancia que enfrenten.

4 SIGA CON FIDELIDAD

«Hay amigos que llevan a la ruina, y hay amigos más fieles que un hermano» (18:24).

Alaba a Dios porque no nos deja solos, sino que nos da la compañía de otros creyentes en la iglesia. Ora para que, cuando tu hijo crezca y deje el hogar, experimente la comunidad dentro de la iglesia y encuentre amigos fieles que sean como su familia.

5 VIVA EN PAZ

«No te hagas amigo de gente violenta, ni te juntes con los iracundos, no sea que aprendas sus malas costumbres y tú mismo caigas en la trampa» (22:24-25).

Algunas relaciones tienen el poder de dañar. Ora para que tu hijo evite la amistad con aquellos que pueden descarriarlo. Pídele al Señor que guarde a tu hijo de los amigos violentos y del enojo destructivo.

5 RAZONES PARA ORAR

ORACIONES CUANDO MI HIJO...

EXPERIMENTA CAMBIOS, INCERTIDUMBRES O TEMOR

JOSUÉ 1:8-9

PUNTOS DE ORACIÓN:

_____

_____

_____

_____

Padre, cuando mi hijo esté experimentando cambios,
incertidumbre o temor, que pueda...

MEDITAR EN TU PALABRA

> *«Recita siempre el libro de la ley y medita*
> *en él de día y de noche...» (v. 8).*

Mudarse de casa o cambiar de escuela puede ser difícil
para los niños. La rutina les brinda seguridad. Ora para
que, vayan donde vayan, la Palabra de Dios sea un ancla
y un consuelo para tu familia mientras meditan en ella
de día y de noche.

OBEDECER TU PALABRA

> *«... cumple con cuidado todo lo que en él*
> *está escrito...» (v. 8).*

A menudo, el temor puede llevar a malas decisiones.
Cuando los adolescentes no están seguros o les inquieta
su apariencia, sus amistades o su inteligencia, tal vez se
vean tentados a vestirse en forma inapropiada, a seguir
a la multitud o a hacer trampa en un examen. Ora para
que tu hijo tenga un deseo de hacer lo correcto y de

obedecer a Dios, aun cuando se arriesgue a perder la aprobación de los demás.

 PROSPERAR

> *«Así prosperarás y tendrás éxito» (v. 8).*

Muchos de nuestros temores giran en torno al futuro de nuestro hijo. ¿Obtendrá un buen trabajo si no se saca las mejores calificaciones? ¿Y si no puedo ayudarlo en lo financiero? ¿Acaso este trastorno lo marcará de por vida? Ora para que, en el futuro, Dios le provea a tu hijo toda la prosperidad y el éxito que necesita para su bien espiritual, ni más ni menos (Prov. 30:8-9).

 SER FUERTE Y VALIENTE

> *«... ¡Sé fuerte y valiente! ¡No tengas miedo ni te desanimes!...» (v. 9).*

Cuando los niños tienen miedo, lo más natural es que se cubran los ojos y retrocedan. A medida que crezcan, sus respuestas tal vez sean diferentes, pero el instinto es el mismo. ¿Qué está enfrentando actualmente tu hijo que le produzca ansiedad? Ora para que tenga la fuerza y el valor de enfrentar esos miedos hoy.

ESTAR SEGURO DE TU PRESENCIA

> *«... Porque el Señor tu Dios te acompañará dondequiera que vayas» (v. 9).*

Alaba a Dios porque estará con tu hijo dondequiera que vaya. Aunque somos limitados y no podemos estar en todas partes al mismo tiempo, Dios está en todos lados, y no se adormece ni se duerme. Ora para que tu hijo experimente la seguridad de la presencia de Dios en medio de los cambios y la incertidumbre.

ORACIONES CUANDO MI HIJO...

SE SIENTE SOLO

SALMO 16

PUNTOS DE ORACIÓN:

_____

_____

_____

_____

Padre, cuando mi hijo se sienta solo, permítele que…

 SE REFUGIE EN TI

> *«Cuídame, oh Dios, porque en ti busco refugio. Yo le he dicho al Señor: "Mi Señor eres tú. Fuera de ti, no poseo bien alguno"»* (vv. 1-2).

Hay innumerables razones por las que nuestros hijos pueden sentirse solos. Tal vez tienen que irse a la escuela o a un campamento de verano por primera vez, y no conocen a nadie. O quizás tienen un grupo grande de amigos pero igual se sienten aislados o diferentes del resto. Ora para que tu hijo acuda a Dios en su soledad, se refugie en Él y recuerde Su bondad.

 ENCUENTRE COMUNIÓN

> *«En cuanto a los santos que están en la tierra, son los gloriosos en quienes está toda mi delicia»* (v. 3).

Alaba a Dios porque se interesa por nuestra soledad y nos ha dado una familia espiritual en la iglesia. Ora para que tu hijo pueda disfrutar de la compañía de otros creyentes de la iglesia que aliviarán la soledad que siente.

 ### EVITE AMISTADES FALSAS

«Aumentarán los dolores de los que corren tras otros dioses. ¡Jamás derramaré sus sangrientas libaciones, ni con mis labios pronunciaré sus nombres!» (v. 4).

Cuando los niños se sienten solos, pueden verse tentados a seguir a la multitud en un intento de pertenecer. Ora para que tu hijo tome la determinación de no andar como aquellos que viven en oposición a Dios.

 ### BUSQUE TU CONSEJO

«Bendeciré al SEÑOR, que me aconseja; aun de noche me reprende mi conciencia» (v. 7).

Ora para que tu hijo pueda alabar al Señor en medio de su soledad, dando gracias por Su consejo. Ora para que, a medida que busque a Dios en su soledad, encuentre consuelo, sabiduría y dirección.

 ### SE REGOCIJE EN TU PRESENCIA

«Me has dado a conocer la senda de la vida; me llenarás de alegría en tu presencia, y de dicha eterna a tu derecha» (v. 11).

Hay una fuente eterna de gozo que se nos ofrece en la presencia del Señor. A veces, la soledad permite que tus hijos se acerquen a Cristo para experimentar vida abundante en Él de maneras nuevas. Ora para que tu hijo siga el camino de la vida, buscando primero a Dios para satisfacer su necesidad de relación.

5 RAZONES PARA ORAR

ORACIONES CUANDO MI HIJO...

TOMA UNA DECISIÓN DIFÍCIL

FILIPENSES 1:9-11

PUNTOS DE ORACIÓN:

_____

_____

_____

_____

Padre, mientras mi hijo lucha con una decisión difícil, ayúdalo a...

ORAR

> «*Esto es lo que pido en oración...*» *(v. 9).*

Cuando nuestros hijos más grandes y adolescentes toman decisiones, a menudo se vuelcan rápidamente a la sabiduría y el consejo humano. Ora para que tu hijo empiece por la oración, buscando la ayuda de Dios primero cuando tenga que tomar decisiones importantes en la vida.

AMAR TUS CAMINOS

> «*... que el amor de ustedes abunde cada vez más...*» *(v. 9).*

El discernimiento está arraigado en la relación con Dios. Ora para que tu hijo desarrolle un profundo amor por Dios que crezca con cada año que pasa, y que amarlo y amar a los demás sea su motivación principal a la hora de tomar decisiones. Ora para que tu hijo también ame la Palabra de Dios: «Ábreme los

ojos, para que contemple las maravillas de tu ley»
(Sal. 119:18).

 SER LLENO DE BUEN JUICIO

«... en conocimiento y en buen juicio» (v. 9).

Pídele a Dios que llene a tu hijo de conocimiento y
buen juicio; tanto de sus propias fortalezas y debilidades, como de las demás personas, y principalmente,
de Dios mismo. Ora para que, a medida que memoriza
versículos, lea historias bíblicas y cante canciones de
adoración, crezca en profundidad de discernimiento,
obteniendo así sabiduría que lo guiará en el futuro.

 DISCERNIR LO QUE ES MEJOR

*«... para que disciernan lo que es mejor, y
sean puros e irreprochables para el día de
Cristo» (v. 10).*

Nuestros hijos tendrán muchísimas decisiones importantes que tomar en sus vidas. Pídele a Dios que le
dé a tu hijo una sabiduría que trascienda su edad para
poder discernir qué es mejor, tanto en su manera de
vivir como en lo que cree. Ora para que tu hijo tome
decisiones con una perspectiva eterna, al fijar sus ojos
en el regreso de Cristo.

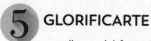

5 GLORIFICARTE

> «... llenos del fruto de justicia que se pro-
> duce por medio de Jesucristo, para gloria y
> alabanza de Dios» (v. 11).

¡Alaba a Dios porque llena a Sus hijos de justicia a través de Jesucristo! Pídele que llene a tu hijo con un profundo deseo de vivir para adorar y glorificar a Dios en todas las cosas. Ora para que tu hijo honre a Dios con las decisiones que tome.

5 RAZONES PARA ORAR

ORACIONES CUANDO MI HIJO...

YA ES ADULTO

JEREMÍAS 29:11-13

PUNTOS DE ORACIÓN:

_____

_____

_____

_____

Padre, te pido por mi hijo en el futuro, para que cuando ya sea adulto, le des...

UNA PROSPERIDAD ETERNA

> *«Porque yo sé muy bien los planes que tengo para ustedes —afirma el SEÑOR—, planes de bienestar...» (v. 11).*

Alaba a Dios porque Él sabe los planes que tiene para nuestros hijos. Sus vidas no son al azar; más bien, «todo estaba ya escrito [para ellos] en [el libro de Dios]; todos [sus] días se estaban diseñando, aunque no existía uno solo de ellos» (Sal. 139:16). Ora para que el Señor prospere a tu hijo con riquezas eternas: fe, esperanza y amor.

UNA PROTECCIÓN ETERNA

> *«... y no de calamidad...» (v. 11).*

Es fácil preocuparse por el futuro que heredarán nuestros hijos. Entrégale estos temores al Señor, y pídele que proteja a tus hijos, tanto en lo físico como en lo espiritual. Ora para que Dios los guarde de todo mal y los guíe por caminos de justicia.

3 UN HOGAR LLENO DE ESPERANZA

«… planes de […] esperanza…» (v. 11).

Gran parte del futuro de nuestros hijos se definirá según si se casan o no, y según quién sea el futuro cónyuge. Ora para que, si tu hijo se casa, su cónyuge ame al Señor, sea fiel y trabajador, abra su casa en hospitalidad a los que están solos y ayude a tu hijo a esperar en Cristo. No importa si tu hijo se casa o se queda soltero, ora para que su hogar sea un lugar de gracia y bondad, donde se proclame la esperanza del evangelio.

4 UN FUTURO DE BENDICIÓN

«… a fin de darles un futuro…» (v. 11).

Ora por las generaciones de hijos que saldrán de tu familia. Pide para que, si el Señor te lo concede, los futuros nietos y bisnietos amen al Señor y caminen por el Espíritu. Ora para que sean ricamente bendecidos y sean de bendición para muchos.

5 UNA RELACIÓN CON CRISTO

«Entonces ustedes me invocarán, y vendrán a suplicarme, y yo los escucharé. Me buscarán y me encontrarán cuando me busquen de todo corazón» (vv. 12-13).

Más que cualquier otra cosa, lo que esperamos para nuestros hijos es que caminen en una relación con

Jesús. Ora para que, en el futuro, tu hijo invoque al Señor, lo escuche y lo busque en todos sus días. ¡Alabado sea Dios porque escucha el clamor de todos los que invocan Su nombre!